CAUSE

DES

TROUBLES DE LYON,

Par M. Maurice ONSLOW.

Clermont-Ferrand,

IMPRIMERIE DE THIBAUD-LANDRIOT,

Rue St-Genès, n° 8.

18 DÉCEMBRE 1831.

CAUSE

DES

TROUBLES DE LYON.

Est-ce la misère qui a causé les troubles de Lyon ? Est-ce l'esprit de la révolution de juillet qui, se reposant sur des monceaux d'or aujourd'hui, se débarrasse, pour mieux en jouir, de son masque patriotique ? Est-ce la restauration ?... La question renferme une de ces trois causes.... Le juste-milieu accuse la restauration ;... c'est dans l'ordre.

Dans le temps où le peuple français fut partagé en trois classes, bourreaux, victimes, conquérans, Lyon, comme l'héroïque Vendée, fut fidèle à son Dieu, et crut à la sanction des siècles, qui tenait la couronne de nos rois *suspendue* sur la tête des héritiers de Louis XVI.

Ceux qui avaient trempé leurs parricides mains dans le sang du Roi sans reproches, voulurent aussi les plonger dans celui des sujets qui le pleuraient.

La proscription désigna Lyon, qui renfermait, comme la Vendée, la précieuse partie de l'honneur français qui ne s'était pas refugiée dans des camps (1). Dans ces temps de désolation, le ciel frémit des crimes jusqu'alors inconnus, et s'ouvrit sur les désastres de cette glorieuse ville (2), pour la rendre digne d'une cause qni marche depuis tant de siècles devant les souvenirs de l'honneur national.

Comme l'action de la guillotine était trop lente, la mitraille ouvrit plus promptement dans la plaine des Brotteaux une vaste sépulture aux victimes lyonnaises. C'est là que la mort finit de distribuer aux preux les couronnes de l'immortalité !... Sentinelle assise au bout de cette longue file de tombeaux, la fidélité, brandissant son drapeau sans tache, a dit en face du crime triomphant, en face de tous les événemens : « Ils sont morts pour leur Dieu, pour leur légitime « souverain. »

---

(1) Si le fer de la guillotine étincelait bientôt dans le second abîme d'une seconde république, la génération actuelle irait-elle, en *bélant*, offrir, comme beaucoup de nos pères, une gorge innocente au couteau des nouveaux St-Just?.... *Cette bonhomie serait vraiment héroïque.....* Le regard d'un brave homme a plus de pouvoir que les armes de dix assassins.

(2) Pendant les massacres qui suivirent le siége de cette ville infortunée, la religion immortalisa les prêtres et les femmes de la capitale du Midi; dans ces temps d'horreurs et d'admiration, l'échafaud, comme l'église de St-Jean, retentissait des chants religieux; l'intervalle de la prison de Rouanne au champ du massacre, était occupé par l'appareil pompeux de tout ce qu'il y avait de solennel dans l'âme de ces martyrs, qui se sentait soulevée vers le ciel par les torrens du sang de leurs frères.

La fidélité et la gloire avaient jonché les rues de Lyon des lauriers de Précy; c'est sur ce lit de l'honneur que la hache des bourreaux étendait les victimes.

Ce cri, sorti de la grande tombe des Brotteaux, était entré profondément dans l'âme de Bonaparte; il avait étudié, sous les ailes de la mort, le cœur des hommes, l'instinct des peuples; celui des Lyonnais lui parut tout amour, tout honneur.

Il mit en jeu ces deux puissans ressorts, et fut bientôt l'idole des Lyonnais, dont il conquit même jusqu'aux souvenirs monarchiques, par tout ce qu'il y eut de généreux pour leurs nobles infortunes, d'encourageant pour l'esprit national, et d'utile pour leur commerce.

Dans les marches triomphales du héros, en Italie, Lyon était le lieu de repos pour sa gloire; de cette capitale du Midi l'aigle embrassait de son vaste regard St-Pierre de Rome et les tours de Notre-Dame. Couronnées par les étendards ennemis, ces deux métropoles retentissaient en même temps des louanges que la reconnaissance adressait au Dieu des armées, tandis que la gloire accumulait les trophées et les arcs de triomphe qui, de Rome à Paris, traçaient le passage du fils de la victoire.

Un bras, auquel rien ne résiste sur la terre, accabla le triomphateur des nations, sans flétrir ses lauriers confondus avec ceux de la France. Habitué à dompter, il soumit l'infortune, et la mort vint délivrer sa grande âme du vide où elle se trouvait au milieu du globe qu'elle avait ébranlé tant de fois par les mouvemens de son ambition.

Le sang des martyrs des Brotteaux fumait encore dans l'âme indignée des Lyonnais, lorsque la restauration vint les consoler de la perte de celui qui, avec de la gloire, avait purgé la France des forfaits de la Convention. Lyon, sorti de ses cendres, vit avec bonheur la légitimité pour laquelle il s'était immolé.

Le principe de son dévouement trouva dans la restauration les sympathies qui confondaient avec de déchirans et d'héroïques souvenirs, le sentiment du devoir et celui de la reconnaissance.

Lyon ne pouvait donc être l'ennemi de la légitimité, et la légitimité ne pouvait oublier l'attachement de cette généreuse ville. La conséquence de ces deux causes fut pendant quinze années sa prospérité, où il n'y eut d'autres entraves à son commerce que celles que fit naître le *dépit libéral*, mais qui disparurent promptement devant l'inaltérable confiance qui régnait sous les garanties qu'établissaient les siècles et le cœur des Français.

Ceux qui assignent pour cause de la misère de la classe ouvrière de Lyon les dépenses et la prodigalité de la restauration, savent fort bien, d'abord, que la proportion des dépenses de seize mois, entrant en comparaison de celles de l'ancien gouvernement, n'est pas en faveur du nouveau ; ensuite ils sont absolument convaincus que s'il y avait de la dépense attachée à la dignité et aux actes de la restauration, ces dépenses augmentaient le numéraire, tarissaient la source des larmes de l'indigent, alimentaient le commerce, faisaient réussir les spéculations, et répandaient l'aisance chez les manufacturiers.

L'on ne reprochera pas au pouvoir d'aujourd'hu

d'offrir trop d'argent à sa dignité ; il serait à souhaiter qu'il fût aussi juste envers le peuple qu'il l'est à l'égard des insignes qu'il porte ;.... il y aurait 2,000 vivans de plus à Lyon.

Le principe de la révolution de juillet, pivotant sur le trépied du mensonge, de l'avarice et de la peur, fut attaquer le commerce dans sa seconde source, après avoir épuisé celle de Paris. Les canaux correspondans à la capitale du Midi furent bouchés par les nombreuses et marquantes faillites de Paris. Le commerce fut tout à coup paralysé à Lyon , et ce mal commença d'abord à frapper la classe ouvrière.

Les dépenses monstrueuses d'un gouvernement qui , dans seize mois , avait épuisé toute ressource de retrouver l'ordre et la justice ; les faillites par milliers, qui tuaient la confiance, et forçaient le particulier à fondre le numéraire dans son propre capital , introduisirent bientôt un grand changement dans toutes les classes de la population lyonnaise.

Le luxe se réduisit au simple nécessaire ; cette soustraction occasiona une baisse considérable dans toutes les marchandises ; la plupart des commerçans éprouvèrent la perte des deux tiers de leur fortune, et la même proportion de cette calamité descendit dans les classes inférieures.

Florissante sous l'empire, heureuse sous la restauration, les deux cornes d'abondance de ces deux gouvernemens avaient répandu sur Lyon les trésors de l'industrie ; et quarante mille ouvriers , sur le sort desquels avait reflué le luxe de la gloire et les bienfaits de la légitimité, n'avaient nullement besoin de l'or et des réflexions des carlistes, pour trouver entre les deux premières époques et la troisième, une différence qui inspirait à leur âme des sensations bien éloignées l'une de l'autre.

En effet, comptant sur la parole d'une révolution faite par le peuple, dans l'esprit du peuple, pour le bien du peuple, l'espoir de l'ouvrier de Lyon avait volé au-devant des bienfaits promis au milieu des baïonnettes et des boulets de juillet; mais, de l'espérance d'un accroissement de bien-être, il vit la certitude de la misère.

Le pouvoir arraché à la légitimité, devenu, par conséquent, aussi faible dans la conviction nationale que dans ses propres armes, avait besoin de beaucoup d'or pour mettre à côté de la vérité, devant les yeux clairvoyans de l'ambition et de l'avarice; il le jeta avec profusion dans la bourse de ces hommes qui aiment la maison et le bonheur du maître seulement.

Il fallut alors que le denier de la veuve fournît à cette criminelle prodigalité; les impôts furent doublés, et attaquèrent l'existence des Français jusque sous les haillons de l'infortune. Cependant la famille de l'ouvrier de Lyon, déjà atteinte par l'inaction du commerce, commençait à ressentir la faim, lorsque l'accroissement de l'impôt vint lui disputer un peu de pain, que la voix suppliante d'un père de famille a obtenu pour nourrir ses enfans pendant la journée. Alors, au milieu des cris de ces êtres si chers, qui lui demandent de la nourriture; à la vue d'une épouse mourante, dont le lait se tarit faute d'alimens, il demande aussi du pain ; il le demande à la patrie qu'il a servie. Pour que sa prière frappe au cœur de l'autorité, il lui montre sa famille expirante, et apprend au pouvoir que la faim ne peut attendre l'ajournement d'*une loi de secours*.

Du désespoir de l'ouvrier (1) de Lyon à sa révolte, il n'y eut que la pensée sur la révolution de juillet; cette pensée lui découvrit la fatale barrière qui séparait vingt-sept ans de prospérité de seize mois de fléaux. D'un côté, la gloire, ses heureuses conséquences pour le commerce, le retour de la légitimité, à laquelle la patrie offrit presque tout son sang ; de l'autre, l'iniquité, l'imposture, la honte chez le pouvoir...... ; chez lui, la faim et son court avenir.

Alors ce cri : Du pain ou la mort, devient général, tandis que la plus cruelle comme la plus impérieuse des passions déchire ses entrailles, et que la pitié marche devant lui.

Aurions-nous un cœur pour ne pas sentir ses inspirations.....? Quant au mien, il conçoit toute l'étendue des malheurs de Lyon ; il est navré par les cris de détresse d'une mère qui demande à son époux du

---

(1) Les ouvriers de Lyon ayant vu l'imposture et l'iniquité descendre des sommités du pouvoir pour accabler la société, pensèrent que la faim pouvait les mener là où l'or et la mauvaise foi avaient conduit *leurs chefs de fil*, dans la loi du plus fort.... Ils l'essayèrent; la victoire leur avait donné raison *à la manière du* 29 *juillet*..... Mais il leur manquait Lafayette et un homme pour faire un roi.

pain pour ses enfans. Il admire l'ouvrier *végétant* entre l'amour de l'ordre et la faim ; il le voit succomber au désespoir......; il l'entend crier avec autant de douleur que de fierté : « Vivre en travaillant, ou mourir en combattant. »

Mais ce cri est criminel, parce qu'il accuse la révolution de juillet et toute son imposture ; parce qu'il cite la lâcheté et la richesse du juste-milieu devant le tribunal du courage et de l'indigence, et comme il est rare de pardonner à ceux à qui l'on a fait du mal, quarante mille hommes bivouaquent autour de Lyon, jusqu'à ce que *des paroles de paix, des promesses, des consolations,* désarmant l'ouvrier, *l'on puisse* lui prouver, *sans obstacle,* qu'il est raisonnable et même très-patriotique d'aller de front contre *l'esprit national* des trois journées parisiennes.

Comment, l'impôt de la révolution de juillet vient enlever à l'indigence l'impôt consacré par le cœur ! Le juste-milieu, non content d'avoir volé tout ce qui appartenait de droit au courage, à la bonne foi  des combattans de juillet, vient encore trafiquer sur des millions de morceaux de pain, que la faim réclame de la pitié, et dispute aux chiens de la rue.

Les haillons du pauvre sans abri, pourraient aussi être un sujet de spéculation ; une petite répartition d'impôts sur ces tristes lambeaux ferait encore une masse pour augmenter le volume des bienfaits de la corne d'abondance de juillet, qui répand aujourd'hui ses trésors sur *Lyon et l'heureuse France.*

Vils imposteurs, qui avez trompé trop long-temps

un peuple noble et crédule ; lâches qui vous cachiez derrière le cœur de l'artisan et des élèves des trois écoles, au jour du combat ; *géans* des barricades, pour prendre le fruit de la victoire,... mais *nains*, quant à l'honneur, vous qui avez confondu les débris de l'ordre social avec ceux du trône légitime, vous avez tout pouvoir maintenant ; détruisez, détruisez les bases de la plus saine logique ; elle est peut-être une chimère, il en faut une autre qui puisse accorder votre *bonne foi* avec les scènes tragiques de Lyon ; les trois journées de cette cité prédestinée pour les catastrophes de tous les âges, vous obligent absolument à cette nouvelle *révolution* contre l'*insipide* empire de l'*éternelle* raison , *qui n'est, à bien dire, qu'un jet de la lumière divine, pas davantage.*

Dans la marche rapide des temps, les années maintenant sont des demi-siècles ; la logique des barricades de juillet tombe donc de vétusté ; à moitié vermoulue, elle vient de se briser contre la faim et les baïonnettes des ouvriers de Lyon. Il en faut une autre absolument ! absolument !

Les balles des vainqueurs de juillet étaient *pleines de raison* et *de patriotisme*, parce qu'elles perçaient un vieux trône de mille ans... ; mais celles de Lyon n'avaient pas le *sens commun*, et étaient d'une trempe séditieuse.... , car elles ébranlaient fortement tout l'échafaudage de la *révolte* et des *contradictions* de juillet.

En conséquence de la nouvelle logique, punition, à Lyon, pour ceux qui, au lieu de payer l'impôt, vendaient leurs chemises et leurs souliers pour nourrir leurs enfans et leurs femmes.

Punition pour ceux que la tyrannie des nouveaux impôts, la faim et le désespoir avaient menés au combat.

Punition pour les militaires qui, dans la chaleur de l'action...., eurent tout le souvenir de juillet, entre le doigt et la détente de leurs fusils.

D'après les *nouvelles lois de cette nouvelle logique*, les balles des ouvriers de Lyon ne doivent pas être toutes perdues...; quelques-unes (il y a apparence) reviendront à qui les a lancées..... La loi du plus fort a besoin d'exemple; pour que la faim désormais, dans la capitale du Midi, se résigne à finir en paix avec la vie le l'ouvrier sans *secours*..., bandez les yeux à quelques-uns, ils ne verront ni sentiront l'*assassinat*.

Au reste, qu'importe que le chapitre des contradictions soit augmenté de quelques lignes, pourvu que ces *lignes soient tracées avec du sang lyonnais*..... Ce sang est si impur...! Il coula, il y a quarante ans, pour servir de récréation à Couthon et à Collot-d'Herbois... Et d'ailleurs dernièrement, *la Marseillaise*, au milieu de la marche triomphale de quarante mille hommes, dans une ville désarmée par les promesses et les sentimens du devoir, *la Marseillaise* a dû faire tressaillir les mânes de ces deux

bourreaux de la France, en unissant l'espoir de l'avenir aux souvenirs du passé (1).

____

(1) L'on ne peut répondre à la niaise accusation dirigée contre les
carlistes de Lyon (quant aux troubles), qu'en disant que la noblesse,
seule partie oisive de la population de cette ville, est tellement
isolée au milieu de l'activité du commerce, qu'elle ne saurait avoir
la moindre influence sur les ouvriers.

Le pouvoir de les faire agir contre l'ordre appartiendrait aux fa-
bricans; mais ils n'auraient pas été contre leur propre intérêt, en
occasionant des troubles qui eussent augmenté la détresse de leur
commerce.

Le Lyonnais offrit son cœur et son bras à la légitimité, dans un
temps où tout tremblait en France devant le pouvoir du crime,
excepté la Vendée; alors, il défendait aussi sa vie et sa fortune
contre ceux qui voulaient du sang et de l'or. Mais aujourd'hui,
tandis que la vérité et le malheur public plaident pour la cause
française, faire insurger les ouvriers pour que le commerce s'en
trouvât mieux, eût été un remède pire que le mal.

MAURICE ONSLOW.

POST-FACE.

DRAPEAU TRICOLORE.

Ce drapeau de la mort, que les ouvriers de Lyon promenaient dans les rues; cet étendard, emblême de leurs souffrances, était bien plus en rapport avec leur situation, que les couleurs d'Austerlitz avec le 28 et le 29 juillet.

La faim semblait les rassembler tous sous le drap mortuaire, tandis que la révolte avait rassemblé, au milieu de l'abondance, la populace de Paris contre son légitime Souverain.

Toutes les gloires sont légitimes en France, parce qu'elles viennent de la même *pensée*; la blanche bannière de Philippe-Auguste légua la sienne au drapeau tricolore; mais ce n'était pas celui qui portait la livrée d'un traitre et d'un poltron; c'est celui qui portait la livrée de la gloire à Fleurus, Saint-Jean-d'Acre, Marengo, Lodi, Hyéna, Friedland, Waterloo.

Les couleurs de la livrée du duc d'Orléans étaient à leur place au 10 août; elles cadraient bien avec l'échafaud de Louis XVI; elles étaient faites pour être à la tête des septembriseurs; mais elles auraient sali la gloire elle-même, si la gloire avait pu se trouver sous elles sans ces scènes de cannibales.

Quand ces couleurs eurent passé victorieuses sur les bataillons ennemis, elles devinrent tout à fait nationales, tout comme l'étendard de St-Louis.

Les catastrophes ont séparé les hommes et les es-
prits ; mais toutes les branches de l'arbre de l'honneur reçoivent le même suc d'héroïsme, et s'élè-
vent également à la postérité.

Si nos triomphes avaient purifié les couleurs de
92, l'étendard qui fit pâlir les nations de l'Europe
était trop pur pour être arboré à la tête de ces *hor-
des*, là où celui d'Henri IV était traîné dans la *boue*
du 29 juillet.

Recueilli dans le temple de la gloire, après le li-
cenciement de la grande armée, le drapeau tricolore
devait être repris par la gloire elle-même .. Était-elle
dans les rangs de six cent mille révoltés, ou dans
ceux d'une poignée de héros fidèles, sans commande-
ment et sans vivres ?...

Ce n'est que lorsqu'il se déploie sur des trophées
que le drapeau tricolore est paré de tout son lustre.
Les lambeaux de celui d'Austerlitz eussent ombragé
(sans aucune opposition de sentimens français) la
tête de Bourmont et de ses guerriers, entrant
vainqueurs dans Alger, tandis que la révolte de
juillet, toute victorieuse qu'elle fut, semblait profa-
ner les couleurs de Lodi et d'Hyéna.

C'est cependant derrière cette bannière tissue des
lauriers de vingt victoires, que quelques menteurs
ont crié de toute leur force : « *Tout pour le peuple !*
Tout pour la gloire nationale ! » (1)

____

(1) Ils ont escamoté le pouvoir, en promettant à ce peuple, ébahi
de sa souveraineté, qu'il aurait moins d'impôts ; mais ils ont reculé
bien loin, pour mieux sauter par-dessus leur promesse.

L'accomplissement de cette promesse patriotique réside-t-il dans la triple charge d'impôts qui accablent nos malheureux paysans, ou dans le profond salut que le pouvoir adresse à toutes les puissances de l'Europe, et principalement à la trompeuse Angleterre?...

Riches des barricades, rendez à ce peuple qui fut votre dupe ce qu'il mérite; si vous aviez son courage et sa bonne foi, il aurait un peu de votre or : détachez du drapeau quelques-unes de ces innombrables branches d'olivier qui cachent sa couleur nationale : si vous ne l'aviez pas terni de ce *vert pâle*, l'héroïsme de la Pologne ne serait pas maintenant à la hauteur de celui de la *vieille France;* nous eussions fait avec elle ce qu'elle n'a pu faire sans nous ; elle nous proclamerait ses libérateurs, au lieu de *vous* jeter ses cendres au visage, en vous reprochant l'exemple et l'abandon.

Le drapeau de nos vieux triomphes attire la gloire comme l'aiman attire le fer. Le juste-milieu, indigne de le toucher dans le cas de guerre, se servira de cet infaillible talisman pour entourer la France et ses despotes d'une muraille de fer. S'il le faut, nous répandrons notre sang pour la défense de la patrie ; mais en accusant, en maudissant l'usurpation du *faible*, notre dernier cri, sous ce voile de l'honneur, sera pour la France, pour la légitimité.

MAURICE ONSLOW.